隋

[清] 褚人获◎著　郭婷◎编

吉林出版集团股份有限公司 | 全国百佳图书出版单位

罗士信拜认义兄

秦叔宝被麻叔谋革职后,将母亲、妻子从城里接出来,在山里过着隐居的生活,他每天浇花种田,闲时下棋,傍晚饮酒。一天,徐懋功带着单雄信的信来找秦叔宝,并推荐了他家附近的一个十几岁的孩子,名叫罗士信。

秦叔宝被麻叔谋革职后,秦叔宝想:"现在皇帝整日巡游,徭役繁重,天下百姓苦不堪言。如此下去,不出十年,必然天下大乱。到时候,正需要我们来安定天下。功名利禄,不过是早晚的事,不如趁现在回去服侍母亲,尽些孝道。"

他转念又想:"我要是回城,来总管一定会去找我,连刘刺史这样的人也会来纠缠,我索性在山里隐居好了。"

于是,秦叔宝在城外找了三间茅草屋,筑好围墙,种了些桑榆,又在篱外开了几十亩麦田枣地。

之后,他将母亲、妻子从城里接出来,把城里的宅院给了樊虎。樊虎和贾润甫时常劝秦叔宝去找来总管,秦叔宝笑着婉拒了。

罗士信拜认义兄

七

从此,秦叔宝每天浇花种田,闲时下棋,傍晚饮酒,将所有的豪情壮志都收敛起来。

樊虎、贾润甫感叹说:"可惜了一个英雄,竟然被磨没了志气。"他们不知道,秦叔宝正是因为料定日后的局势,才不想把自己的豪情壮志耗费在不必要的地方。

秦叔宝日子过得十分清闲。一天,一个身形魁梧、气宇轩昂的少年带着单雄信的信来找秦叔宝。

原来单雄信听说秦叔宝从睢阳回来了,想起二人很久没见,就写封信过来问候一下。

罗士信拜认义兄

单雄信在信里说送信的少年是自己新认的兄弟，叫徐懋功，二人是八拜之交。徐懋功这次要去淮上探亲，让秦叔宝多照应着些。

秦叔宝看了信说："贤弟既然是单二哥的结拜兄弟，也就是我的结拜兄弟。"他摆好香案，二人又拜了一回，然后把酒言欢，讨论起天下形势。

徐懋功说："当今圣上屠戮父兄上位，原本就德行亏损。大隋建立的时间又短，根基不稳。他要能修德行仁也就罢了，偏偏他好大喜功，在东京盖显仁宫，建西苑，又开通广陵河道，大兴土木，上至长安下到余杭，没一处安生地方。

罗士信拜认义兄

一五

"现在又要巡幸江都、东京,又要筑长城,巡河北,官府的金银都被他耗光了,百姓苦不堪言。再加上那些贪官污吏和他一起盘剥百姓,我敢断言,不出五年,必定天下大乱。

"小弟想要结识天下英豪,寻找真龙天子。可惜单二哥、王伯当都是将帅之才。剩下那些大多是井底之蛙,只想趁乱称雄。"

秦叔宝问:"贤弟觉得李密怎么样?"徐懋功说:"他也算是一个豪杰。不过在我看来,创世之君不但要自己有才,还要会识人、用人。李密虽然有些才学,但他识人、用人的本事恐怕不够。"

罗士信拜认义兄

一九

秦叔宝说:"说了半天别人,你我又怎么样?"徐懋功笑着说:"也是一世豪杰。要说征战沙场,我比不上你,不过要说决断谋略,哥哥就比不上我了。但是只要能找到真龙天子,我们都能当开国功臣。"

秦叔宝问:"天下人才众多,贤弟就只见了这些吗?"徐懋功说:"天下人才多,我们的眼界有限,能见到的总是很少。要说将帅之才,哥哥家附近就有一个。"

罗士信拜认义兄

二三

秦叔宝忙问是谁。徐懋功说:"刚才,我在村头被两只正在打架的公牛挡了路,我停下马想等它们打完再走。这时一个十几岁的孩子走过来说:'别打啦,回家去!'那两头牛当然不理他,只见他走上前去一手抓着一只牛犄角,大喊一声'开',一下子把两头牛分开一尺多远。这小孩跳上牛背,吹着横笛就走了。

"我正要问他姓名,后边的一个小孩说:'罗家哥哥,怎么把我家牛角扯坏了?'他姓罗,在此处放牧,住的地方应该不远。他现在还是个孩子就这么厉害,要是有人教他些武艺,将来一定是个大英雄。哥哥要是有合适的人选,就帮他找个师父吧。"

罗士信拜认义兄

二七

三天后，徐懋功跟秦叔宝告别，打算去瓦岗看看翟让的情况。秦叔宝只得厚礼相赠，写书信回复了单雄信。

秦叔宝又写了一封信，让单雄信转交魏徵。二人约定，以后无论谁找到真龙天子，都要互相举荐，一起建功立业。

秦叔宝送走徐懋功往回走的时候,忽然听到林子里传来一阵吵嚷声,然后,冲出来三四十个孩子,从十二三岁到十七八岁,各个年龄都有。

紧接着后边又追出来一个十岁左右的小孩。那个小孩穿着一条破裤子,光着膀子,攥着拳头,一双眼睛火星四射。

罗士信拜认义兄

那群孩子见那小孩追来了,纷纷朝他扔石头。

秦叔宝刚想过去帮忙,就发现那小孩青筋凸起,把打在身上的石头都弹了回去。秦叔宝心想:"看样子,他应该就是徐懋功说的那个小孩。"

这时,一个孩子刚巧摔在秦叔宝脚边,他扶起那个孩子问:"你们为什么要欺负他?"

那个孩子哭着说:"我们欺负他?明明是他欺负我们。这个家伙给张太公放牛,自己不放,仗着力气大,逼我们去放。我们打不过他,所以联合起来想要教训他。没想到大家都被他打怕了,就算年纪比他大,人比他多,也还是不顶用。"

秦叔宝心想:"懋功说那个小孩姓罗,这又是张家小孩,可能不是,不过这个小孩也不是个庸人。"想到这,秦叔宝挪步上前,挡在那群孩子前面。

　　那个小孩骂道:"关你什么事,要替他们打架吗?"秦叔宝说:"我不是找你打架,我有话要和你说。"那小孩说:"有什么话等会儿再说,我先教训教训他们。"

秦叔宝上前抓住那小孩的手,那小孩想挣脱开却没有成功。

正在这时,走过来一位老者,一把揪住那个孩子的耳朵。秦叔宝一看正是前村的张太公。张太公骂道:"让你放牛,你打什么架?"秦叔宝劝道:"太公别生气了,这是您的孙子吗?"

罗士信拜认义兄

三九

隋唐演义 三 四〇

张太公说:"我哪有这样的孙子,他是我的邻居罗大德的儿子。罗大德的媳妇死了,自己又被叫去开河,所以把孩子留给我放牛,让我给他口饭吃。没想到罗大德死在了河道上,剩下这个孩子,我真是一点办法也没有。"

秦叔宝说:"不如我把他欠你的工钱结清了,你把他交给我。"张太公说:"你要是想带他走,就带走,他也不欠我什么工钱。不过先说好,以后他闯出祸来,你可别找我!"

秦叔宝对那小孩说:"我叫秦叔宝,家中没什么兄弟,我想让你做我的结拜兄弟,你跟我走吧。"

罗士信拜认义兄

四三

隋唐演义 三

四四

那小孩一听，高兴地说："你就是叔宝哥哥？我叫罗士信。我听村子里的人说过你，他们说你有官都不当，还说你力气大、功夫好。哥哥可怜我父母双亡，想要照顾我，我承哥哥的情，别说当兄弟，当手下也行。"说完，倒地就拜。

秦叔宝一把扶住他，说："莫拜莫拜，先到家里见了我母亲，然后我和你再拜。"

罗士信跟着秦叔宝回到家，秦叔宝先对母亲说了这事，又叫张氏找来一件短褂给他穿。

罗士信见了秦母，说："我很小的时候就没了母亲，见了您老人家，真的和我母亲一样。"说完，拜了八拜，开口也叫母亲。

罗士信拜认义兄

四七

国学小香书 **隋唐演义** 三 四八

然后与秦叔宝拜了四拜,秦叔宝为哥,罗士信为弟。

最后又拜了张氏,称嫂嫂。张氏待他也像亲小叔子一样。

从此,顽劣的罗士信变成了一个循规蹈矩的人。秦叔宝每天教他枪法,日夜指点,他学得很快,武艺也逐渐精湛。

一天,秦叔宝正在教罗士信功夫,就见一个旗牌官骑着马飞奔过来,说是奉了来元帅的命令来的,来元帅钦点秦叔宝做出征高丽的前部先锋。

罗士信拜认义兄

五一

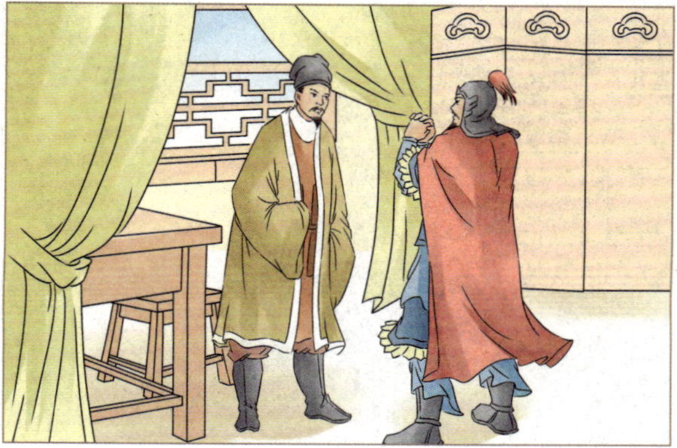

秦叔宝没接任命文书,推托说:"家母年纪大了,最近身体也不太好,我要在家照顾母亲,实在脱不开身。"

旗牌官见他态度坚决,只得回去复命。

来总管听了回报,想了想,吩咐旗牌官去齐州找郡丞张须陀帮忙。

　　张须陀是一个义胆忠肝、文武双全,又爱民礼下的豪杰。

罗士信拜认义兄

五五

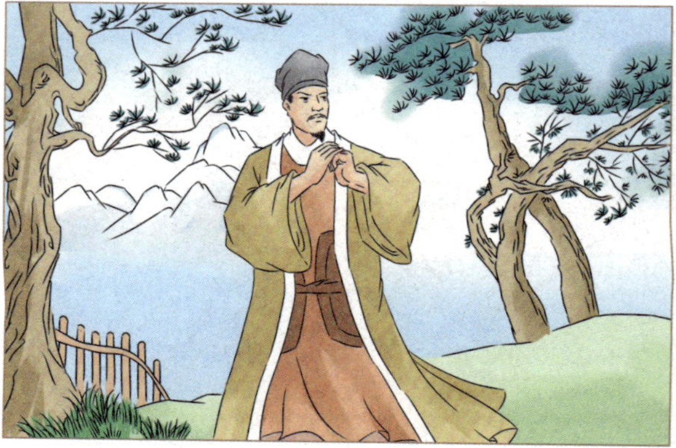

旗牌官将秦叔宝推辞做前部先锋的事一说，张须陀立即骑马来到秦叔宝家。

因为他很久以前就知道秦叔宝是个好男子，他不仅有才，人品也好。

他到了秦叔宝家之后，不说见秦叔宝，只说想要拜会秦老夫人。秦母没办法，只得出来见他。

张须陀开门见山地说："令郎原本是将门虎子，英雄盖世，现在国家有难，正是他建功立业的时候，怎么能不去呢？"

罗士信拜认义兄

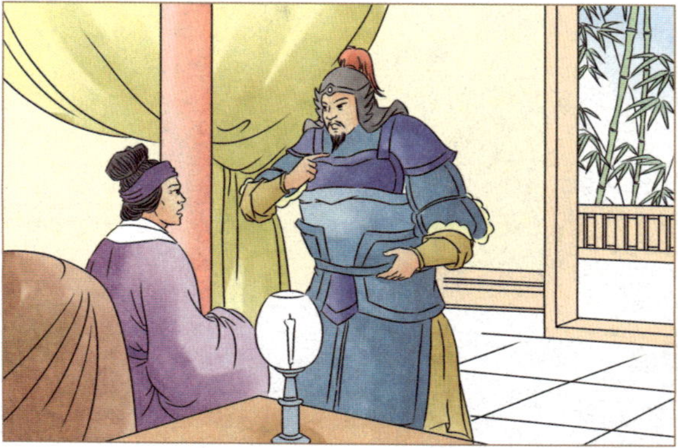

秦母说:"秦叔宝全是为了我。我年纪大了,身体不好,不是这里不舒服,就是那里不舒服,他不放心,所以不能出征。"

张须陀笑着说:"夫人年纪虽然大了,但我看精神头很足,更何况大丈夫死当马革裹尸,实在不应该过于儿女情长。只要夫人肯说,令郎一定答应。夫人想想吧,下官明天再来。"

张须陀走后,秦母对秦叔宝说:"看样子你也只有去了,只希望你早去早回,我们也能早点一家团聚。"

秦叔宝还有些不放心,罗士信劝道:"哥哥出征高丽,一定会马到成功。您不用担心家里,弟弟会留下来帮哥哥看家护院,以防盗贼。"

罗士信拜认义兄

六三

国学小香书

隋唐演义

三

六四

第二天一早,秦叔宝换了公服,去见张须陀。

张须陀见到秦叔宝非常高兴,将任命文书交给他,又给了秦叔宝一些盘缠和送给秦老夫人的养老钱。

张须陀嘱咐他说:"高丽兵十分狡猾,一定会分兵据守,如此一来,高丽在沿海一带的兵力就会显得薄弱。秦兄弟作为前锋,记得不要攻打辽水,应该攻打坝水,可以乘其不备,直捣平壤。高丽这样的弹丸小国,不愁拿不下来。"

秦叔宝说:"大人高见,小人一定牢记在心。"秦叔宝离开张须陀之后,回家收拾好行装,就和旗牌官上路了。

罗士信拜认义兄

六七

国学小香书

隋唐演义 三

六八

罗士信送了一二里地,大家互道珍重告别。秦叔宝和旗牌官一路快马加鞭,昼夜不停,没过多久就到了登州。

　　来总管见到秦叔宝非常高兴,当即调集两万水军,青雀、黄龙船各一百艘,为征讨高丽做准备,又命左武卫将军周法尚去东京打听隋炀帝的情况。只要隋炀帝一离开都城,他们就马上发兵。

隋朝灭亡

　　隋炀帝每天在宫中饮酒作乐,他身边的臣子眼见城池接连失陷,却只想随波逐流。李渊起兵造反,窦贤率部先逃回关中,隋炀帝立即派人把他杀了。司马德勘、元礼、裴虔通等人商议逃跑,宇文智及乘机拉他们一起造反。

隋朝灭亡

七一

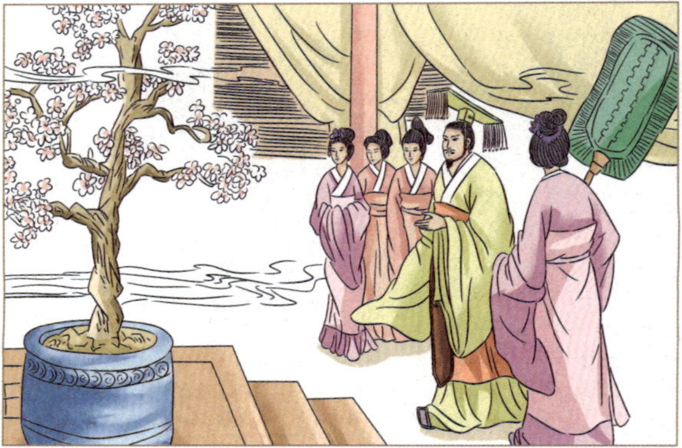

一天,隋炀帝刚起床,内监来报,说蕃厘观的琼花开了。隋炀帝大喜,召萧皇后与十六院夫人前去赏花。

隋炀帝一行到了蕃厘观,只见高台上耸立着一棵树,花瓣洁白如雪,异香阵阵,扑面飘来。隋炀帝赞道:"果然名不虚传!"

他正要到花下细看,忽然卷起一阵狂风,吹得众人东倒西歪。风过后,隋炀帝抬头一看,雪白的花瓣落了一地,枝上连一瓣也没剩。

隋炀帝大怒道:"朕还没看个明白,就落得这样,真让人痛恨。朕以后也不想看了!"便传旨叫左右把树砍了。

隋朝灭亡

七五

国学小香书

隋唐演义

三

七六

隋炀帝又和后妃们去九曲河游玩。他们来到大石桥，那桥又高又宽，都是白石砌成，两岸大树覆盖，桥下五色金鱼游来游去。隋炀帝觉得景色很美，说："古人有七贤乡、五老堂，都以人数命名。今天这儿一共是二十四人，就叫它二十四桥！"大家听后都十分欢喜。

晚上，隋炀帝说："月亮不明，点灯又没意思，如何是好？"李夫人微笑着说："有狄夫人做的萤凤灯，可以不举火而有余光。"

不一会儿，宫女捧了一个金丝盒呈给狄夫人。狄夫人拿起一支萤凤灯，将灯内的凤舌挑开，放入一二十只萤火虫，献给萧皇后。

隋朝灭亡

七九

国学小香书 **隋唐演义** 三 八〇

隋炀帝和萧皇后仔细一看,却是蝉壳做的翅翼,与凤体相连,顶上五彩绣绒毛羽,凤冠以珊瑚扎成,口里衔着一颗明珠,竟像一盏小灯,戴在头上,两翅不动自摇。隋炀帝和萧皇后都说:"真是慧心巧思!"

　　萧皇后递给宫人,插在头顶。狄夫人把萤火虫放入萤凤灯,分给众夫人。十六院夫人每人头上戴一个,竟如十六盏明灯,光照一席。

隋炀帝拍手大笑道:"太神奇了!不如多取些萤火虫,放入苑中。"便传旨:凡有宫人内监,收得一袋萤火虫的,赏绢一匹。

不一会儿,那宫人内监以及百姓等就收了六七十袋萤火虫。

隋朝灭亡

八三

隋唐演义 三 八四

隋炀帝让人赏了他们每人一匹绢，叫他们把萤火虫放在亭前亭后、山间林间。一眼望去，犹如万点明星，光照四围。

　　隋炀帝和众夫人看了，都鼓掌称快，传杯弄盏，直喝到四更鼓响才回宫。隋炀帝每天在宫中饮酒作乐，却不知宫外已经翻了天。

他身边的臣子眼见城池接连失陷，却只想随波逐流，过一天算一天。宇文化及是宇文述之子，官拜右屯卫将军，也是个没作为的人，而他的兄弟宇文智及却是个凶残狡猾的人。

　　李渊起兵造反的消息传来，隋炀帝身边的那些臣子都没主意了。郎将窦贤率部逃回关中。隋炀帝知道后，立即派人把他杀了。

隋朝灭亡

隋唐演义 三

八八

这一杀可就糟了，留在江都早晚要饿死，回关中又会被杀死，司马德勘、元礼、裴虔通等人认为一定要想个不用死的法子，便共同商议逃跑。此事被宇文智及知道了，宇文智及乘机拉拢他们一起造反。

这事很快传开了，连宫里的人都知道。杳娘将这件事告诉隋炀帝后，隋炀帝让她用拆字的方法来占卜，连拆了几个都是凶。隋炀帝大怒，让人把杳娘杀了。自此再无人敢对隋炀帝谈论此事。

隋朝灭亡

九一

国学小香书 **隋唐演义** 三 九二

王义打听到宇文智及等人动手的时间,知道事情不好,忙叫妻子姜亭亭带一个丫鬟,乘车来到宝林院。秦夫人、狄夫人、夏夫人、李夫人,与袁宝儿、沙夫人、赵王在打牌。姜亭亭说:"大事不好了!夫人们快收拾东西跟我走!"

众夫人赶紧如飞一般回去收拾东西去了。唯独袁紫烟因熟识天文，知道局势，早已收拾好东西放在宝林院了。

隋朝灭亡

国学小香书　**隋唐演义**　三

九六

没一会儿,薛冶儿跑进来说:"刚才朱贵儿姐叫我来拜见沙夫人,她说外边紧急,让姐姐千万要保护好赵王。我刚偷了去福建采买的圣旨,我们拿这个可以出宫。"沙夫人落泪道:"贵姐真是忠贞!"

众人赶紧给赵王换上小丫鬟的衣服,几个夫人换了内监的衣服,装成出宫采买的内监,随后出了宫。

此时，王义早已把守城的人打点好了，等到晚上宇文化及带兵动手时，姜亭亭和王义已经带着赵王和夫人们出了城。

　　隋炀帝平时最恨人胡说，谁说错话就杀了谁。那天晚上，他只能和萧皇后躲在西阁大哭。外边杀声震天，内监吓得四处奔逃。

隋朝灭亡

九九

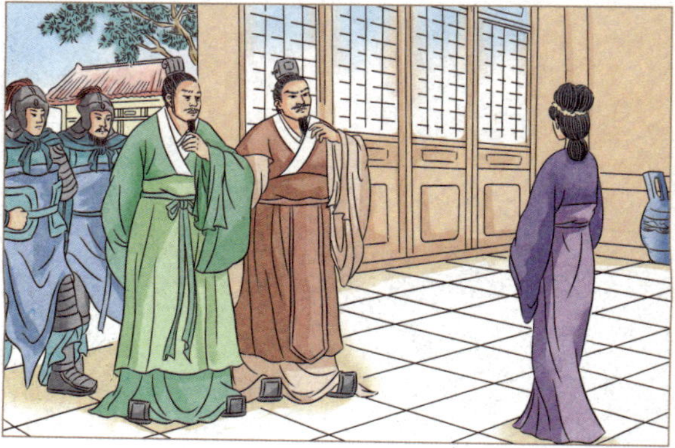

裴虔通和元礼带人杀到西阁时，隋炀帝和萧皇后正并坐哭泣。朱贵儿从后面走过来，说："圣恩浩荡，你们这样还有良心吗？"

　　隋炀帝接着说："朕不负你们，你们为何负朕？"司马德勘说："如今天下都在造反，我们也没有选择。只有得到陛下的首级，才能平息天下百姓的怒火。"

朱贵儿听了,大骂道:"逆贼敢口出狂言!一定会有忠臣义士为皇帝报仇,那时你们这些乱臣贼子后悔就晚了!"马文举大怒,举刀向朱贵儿砍去。朱贵儿直到咽气,还骂不绝口。

隋朝灭亡

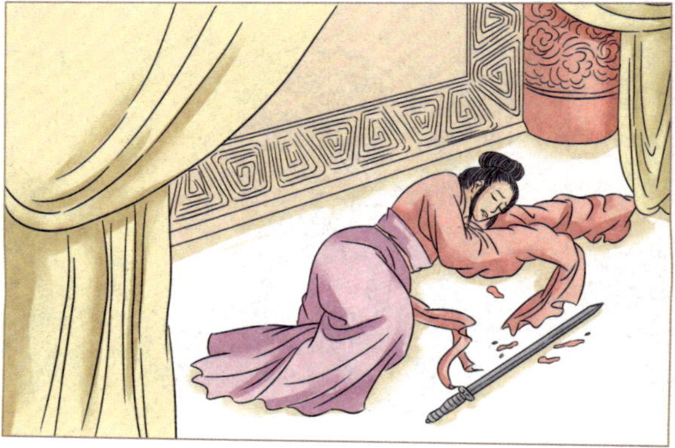

萧皇后苦苦哀求道:"众位将军,看在旧时情分上,让陛下让位,留他一条性命吧。"这时,袁宝儿憨憨地走来,笑着说:"娘娘求什么呢?陛下常以英雄自诩,为什么还求这些人?人谁无死,妾先走一步!"说完她抽出佩刀,朝脖子上一抹,自刎而死。

萧皇后吓得尖叫一声,冲了出去。隋炀帝见裴虔通等人提刀要过来杀他,他后退几步,大叫道:"别动手,把鸩酒拿来!"裴虔通说:"鸩酒太慢,还是刀剑快。"隋炀帝哭着说:"你们若是还念半点往日的情分,就给朕留个全尸吧。"

隋朝灭亡

一○七

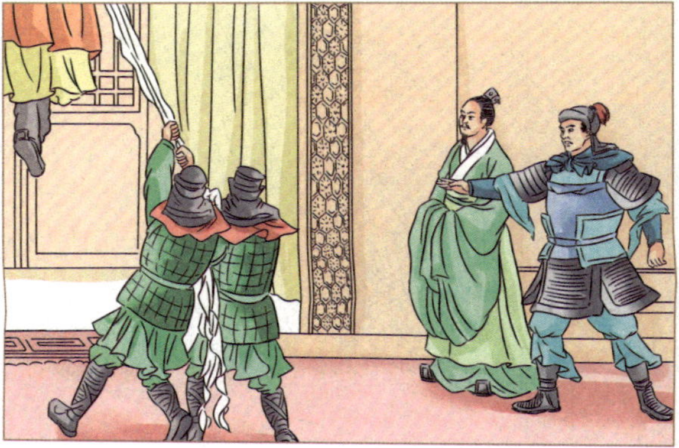

马文举扯过一条白绫,交给武士,众人一起将隋炀帝勒死了。隋炀帝死时只有四十九岁。

之后,萧皇后把床板做成棺材,偷偷将朱贵儿、袁宝儿和隋炀帝一起埋了。

宇文化及见萧皇后年轻貌美,没舍得杀,就传皇后懿旨,立秦王杨浩为皇帝,自立为大丞相,封弟弟宇文智及、士及为左、右仆射,长子承基、次子趾都掌握大权。平时和宇文化及有仇怨的,如虞世基、裴蕴、袁克、来护儿等人都被杀死。

隋朝灭亡

国学小香书 **隋唐演义** 三 一二三

宇文化及带着萧皇后和新皇帝回长安，到了滑台，将皇后、新皇帝交给王轨看守，自己带兵去黎阳攻打仓城。

王义夫妇带着赵王和众夫人，去濮州投奔袁紫烟的舅舅杨义臣。

杨义臣虽然憎恨宇文化及弑君，却和他的弟弟宇文士及交情深厚。杨义臣担心人们讨伐宇文化及时，会牵连到宇文士及，便叫杨芳带着一个瓦罐去见宇文士及。

宇文士及打开瓦罐一看，只见里面只有两个枣和一个糖龟，他被弄得一头雾水。

隋朝灭亡

一一五

隋唐演义 三 一一六

这时,宇文士及的妹妹淑姬从屏风后走出来。她刚满十七岁,不仅长得漂亮,还非常聪明。她看了看瓦罐里的东西,笑着说:"这是劝兄长早日归顺唐王李渊。"宇文士及大喜,说:"我也是这么想的。"

第二天,宇文士及让淑姬扮成男人模样,两人收拾细软,直奔长安。到了长安,宇文士及把妹妹送给唐帝李渊当妃子,唐帝封宇文士及上仪同三司,负责三司军事。

杨芳回来没几天,王义夫妇就带着杨义臣的外甥女袁紫烟等人来投奔杨义臣了。

隋朝灭亡

一一九

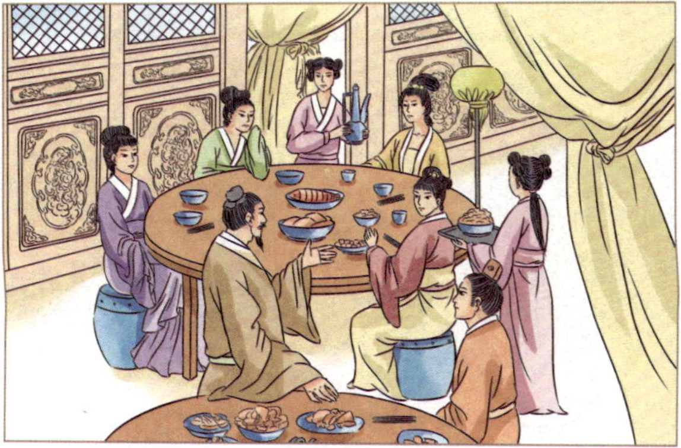

赵王换上男装后,杨义臣看他方面大耳,眉清目秀,果然是个尊贵的太子。

杨义臣摆上酒席,对赵王和沙夫人说:"老臣肯定不会辜负先帝和殿下。但这里地方太小,一旦有什么疏漏,很不安全。最多只能在这里待三四天!"沙夫人说:"只是如今到何处去好?"

杨义臣说:"李密和他父亲都是隋朝大臣,如今驻军金墉城;王世充带兵数万盘踞在洛仓;西京长安的李渊已立皇孙代王侑为帝,大兴征伐。如今也只有两个人可以依靠:一个是幽州总管罗艺,无奈窦建德堵住了去路。另一个是义成公主,启民可汗为人诚朴忠厚,殿下若肯去,公主必然以礼相待。"

隋朝灭亡

国学小香书 **隋唐演义** 三 一二四

赵王与众夫人听了,都点头称是。沙夫人说:"可是水远山遥,我们怎么去呢?"杨义臣说:"老臣自有办法,只是秦、狄、夏、李四位夫人和紫烟不适合跟着去。"四位夫人一听,都哭着说:"老将军,我们愿意和赵王、沙夫人同生共死。"

杨义臣说:"请问四位夫人真的肯顾念先帝恩情,甘心守节,还是等待时机再做打算?"秦夫人说:"老将军说的是什么话?莫非认为我姊妹四人是个愚蠢的妇人?如果老将军不信,我们可以投水而死,表明心意!"

隋朝灭亡

一二七

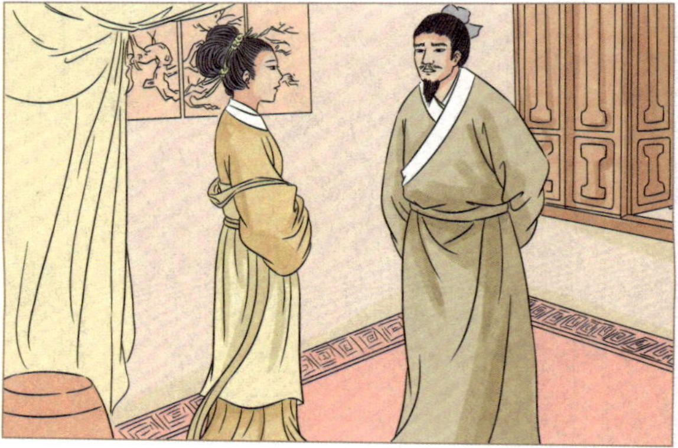

杨义臣说："不是老臣不信,一时承诺当然不难;只怕时间长了,难过日子。"狄夫人说："老将军不要以为忠臣义士都是男子,而妇女多是随波逐流。老将军既然觉得我们还有别的想法,好,我就证明给你看。"

狄夫人说完,就从裙带上取出佩刀,在脸上左右各划一刀。

秦、李、夏三位夫人见狄夫人如此,也从腰间取出佩刀把脸划花了,慌得沙夫人、姜亭亭、薛冶儿、袁紫烟,急忙上前去拦,可是已经晚了,她们的脸上早已有两道刀痕,血流满脸。

杨义臣上前拜道:"是老臣多心了,请四位夫人自爱保重。"赵王赶紧跑过去,将杨义臣拉起来。

隋朝灭亡

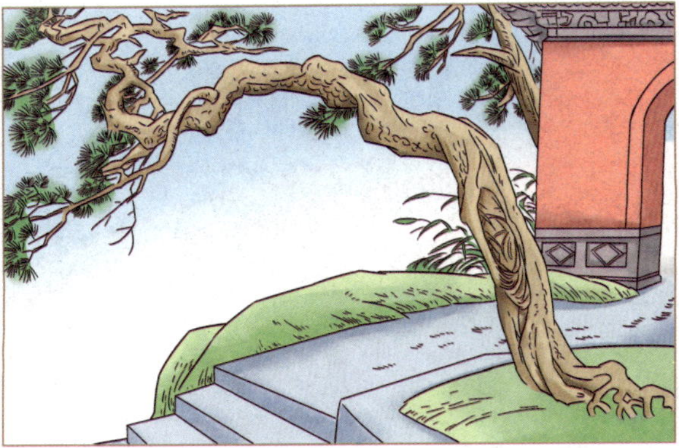

杨义臣对四位夫人说:"离这里一二里有个断崖村,村上有几十户人家,都很朴实。那有个女贞庵,庵里的老尼姑是高开道的母亲。她知道儿子做了反贼,必定失败,因此搬到这了。你们以后可以在那念经拜佛,安度余生。日常费用,无须费心。"

四位夫人说:"有这样的地方度过下半辈子就够了。我们什么时候过去?"王义说:"得挑一个黄道吉日,先去通知庵里,然后再过去。"夏夫人说:"都这样了,还挑什么吉日,老将军快派人去通知吧。"

杨义臣叫仆人取来日历,恰好明日就是好日子。杨义臣又让人准备好饭菜,吃完饭,众夫人与赵王先去休息了。

隋朝灭亡

国学小香书

隋唐演义

三

一二六

杨义臣和王义骑上骡子,来到断崖村女贞庵,和老尼姑说明来意。老尼姑知道杨义臣是忠臣义士,就答应了此事。

回来后,王义说庵中房屋洁净,景致清幽,四位夫人都很欢喜。

袁紫烟对杨义臣说:"舅舅,我住在这里也没什么用,我也和夫人们一起去出家吧。"杨义臣说:"你暂且住着,我还有事与你商量。"袁紫烟默然退下。

到了五更,杨义臣请秦、狄、夏、李四位夫人上船。沙夫人对赵王、薛冶儿、姜亭亭说:"这一分别,不知何日再相会。我们也一起去送吧,以便记住地方,以后好寻访。"

隋朝灭亡

一三九

国学小香书 **隋唐演义** 三 一四〇

杨义臣也不好阻拦,只得让他们也去送,自己与袁紫烟、王义夫妇也上了船,一直送到庵中。

来到女贞庵,杨义臣把二十两银子送给了老尼。

老尼对杨义臣说:"您的外甥女还不到静修的时机,以后还有奇缘。"杨义臣说:"正是,我也不叫她住在此。"

到了晚上,沙夫人、薛冶儿、姜亭亭与四位夫人痛哭而别。

杨义臣打听到有海船到来,马上送赵王与沙夫人、薛冶儿、王义夫妇上船,让他们到义成公主那边去了。

隋朝灭亡

一四三